EIN *völlig* NEUES LEBEN

EIN *völlig* NEUES LEBEN

Wie man Christus annimmt
und was das bedeutet

JOYCE MEYER

Titel der Originalausgabe: A new way of living
Originalverlag: FaithWords Hachette Book Group, New York, U.S.A.

Joyce Meyer Ministries GmbH
Postfach 76 10 01
22060 Hamburg
www.joyce-meyer.de
Tel. +49 (0) 40/88 88 4 11 11

ISBN 978-3-939627-13-5

Bestellungen bitte an die oben stehende Adresse richten.

3. Auflage, Mai 2013

Übersetzung: Esther Dymel-Sohl
Satz: Satz & Medien Wieser, Stolberg
Druck und Verarbeitung: CPI books GmbH, Ulm

Inhalt

1
Die wichtigste Entscheidung Ihres Lebens

Sind Sie mit Ihrem Leben unzufrieden? Wenn dem so ist, dann geht es Ihnen wie Millionen anderen Menschen, die sich müde, ausgelaugt und leer fühlen. Einige hatten die Hoffnung, in Religionen Lösungen für ihr Leben zu finden, doch am Ende fühlten sie sich durch starre und unnachgiebige Regeln und Gesetze, die sie nicht halten konnten, nur noch mehr belastet und bedrückt. Vielleicht haben Sie auch schon Religionen ausprobiert, um Ihr leeres, frustrierendes, schuldbeladenes Leben wieder lebenswert zu machen, und sind dabei an Gott vorbeigegangen.

Wenn Sie geliebt sein wollen, wenn Sie einen Freund brauchen, wenn Sie Vergebung für Ihre Sünden suchen, wenn Sie eine Zukunft haben wollen, dann ist Jesus Christus die Antwort für Sie. Er wartet bereits auf Sie und möchte Ihnen ein neues Leben geben und Sie zu einer neuen Schöpfung machen.

Wenn Sie mit Ihrem Leben nicht zufrieden sind, müssen Sie etwas ändern. Wenn wir das weiter tun, was wir schon immer gemacht haben, wird unser Leben so bleiben, wie es immer war. Sie müssen sich entscheiden, und es ist die wichtigste Entscheidung, die Sie jemals in Ihrem Leben treffen werden.

Diese Entscheidung ist wichtiger als die Wahl Ihres Berufes, der Universität, die Sie besuchen möchten, wen Sie heiraten wollen, worin Sie Ihr Geld investieren oder wo Sie leben werden. Bei dieser Entscheidung geht es um Ihre Ewigkeit. Die Ewigkeit hat kein Ende und jeder von uns sollte wissen, wo er sie verbringen wird. Es gibt ein Leben nach dem Tod. Wenn Sie sterben, hören Sie nicht einfach auf zu existieren, sondern Sie leben an einem anderen Ort weiter. Der Tod kann mit einer Drehtür verglichen werden. Durch sie verlässt man einfach einen Ort und erreicht einen anderen.

Möchten Sie hier auf Erden bereits eine Beziehung zu Gott haben und in Ewigkeit mit ihm leben? Dann müssen Sie Jesus Christus als Ihren Retter annehmen. Wir alle haben gesündigt und wir alle brauchen einen Retter. Gott sandte seinen einzigen Sohn, um die Strafe für unsere Sünden zu bezahlen. Er wurde gekreuzigt und vergoss sein unschuldiges Blut als Bezahlung für unsere Vergehen. Er starb und wurde begraben, doch am dritten Tag ist er von den Toten auferstanden und sitzt nun im Himmel zur Rechten Gottes des Vaters. Er ist unsere einzige Hoffnung, damit wir in Frieden mit Gott und mit uns selbst leben können.

Um von unseren Sünden errettet zu werden, müssen wir Jesus als Herrn anerkennen und bezeugen, so lehrt es uns die Bibel. Ebenso sollen wir in unserem Herzen glauben, dass Gott ihn von den Toten auferweckt hat.

Denn wenn du mit deinem Munde Jesus als den Herrn bekennst und in deinem Herzen glaubst, dass Gott ihn von den Toten auferweckt hat, so wirst du gerettet.

Römer 10,9 (Schlachter)

Diese Art des Glaubens reicht über eine verstandesmäßige Erkenntnis hinaus. Sie kommt aus dem Herzen und meint es ehrlich. Viele Menschen glauben zwar, dass es einen Gott gibt, doch sie haben ihm noch nicht ihr Leben anvertraut. Gott ist der Urheber des Lebens und er möchte, dass Sie ihm aus eigenem Willen heraus gerne Ihr Leben zur Verfügung stellen. Gott hat Ihnen einen freien Willen gegeben, und er wird Sie nicht zwingen, sich für ihn zu entscheiden. Doch von Ihrer Entscheidung hängt die Qualität Ihres Lebens hier auf Erden ab, und sie stellt die Weichen, wo Sie Ihre Ewigkeit nach dem Tod verbringen werden.

Haben Sie Ihr Leben bisher gut im Griff gehabt? Wenn nicht, dann geben Sie doch Ihr Leben dem, der Sie geschaffen hat und Sie besser kennt, als Sie sich jemals kennenlernen werden. Wenn ich ein Auto kaufe und Probleme auftauchen, gehe ich doch zum Hersteller, damit er die Probleme beheben kann. Das Gleiche gilt für Gott. Er hat Sie erschaffen und liebt Sie sehr. Wenn Ihr Leben nicht befriedigend ist, dann bringen Sie es ihm, damit er es wieder in Ordnung bringen kann.

Aber wie ich schon sagte: Es wird sich erst etwas ändern, wenn Sie eine Entscheidung treffen. Möchten Sie ein Christ sein? Sind Sie bereit, Gott nicht nur Ihre Sünden zu überlassen, sondern auch Ihr ganzes Leben? Sind Sie bereit, sich von Ihren sündigen Wegen abzuwenden und zu lernen, ein neues Leben mit und für Gott zu leben? Wenn dem so ist, dann lesen Sie weiter. Es gibt ein Leben, das auf Sie wartet und Ihre schönsten Vorstellungen weit übertrifft. Jeder kann es haben. Es ist für alle zugänglich. Das sagt Gott über Ihre Zukunft:

> *Denn ich kenne ja die Gedanken, die ich über euch denke, spricht der HERR, Gedanken des Friedens und nicht zum Unheil, um euch Zukunft und Hoffnung zu gewähren.*
>
> Jeremia 29,11

Niemand kann Ihnen die Entscheidung abnehmen. Nur Sie können sie treffen. Welche Qualität soll Ihr Leben haben? Möchten Sie wirklich dem Beispiel unserer heutigen Gesellschaft folgen? Gott sagt in seinem Wort, dass wir mit nichts auf die Erde gekommen sind und mit nichts wieder gehen werden (1. Timotheus 6,7). Gott ist Alpha und Omega, der Anfang und das Ende. Am Anfang war Gott und am Ende wird Gott sein. Jeder Mensch wird vor Gott stehen und Rechenschaft über sein Leben ablegen müssen (Römer 14,12). Jetzt ist die Zeit, sich darauf vorzubereiten. Ich sage immer: »Bereit oder nicht bereit, Jesus kommt wieder.« Machen Sie sich jetzt bereit, treffen Sie die richtige Entscheidung, denn später könnte es zu spät sein.

2
Wir alle haben gesündigt

Sünde ist vorsätzlicher Ungehorsam gegenüber dem Willen Gottes. Wir alle haben gesündigt. Es gibt niemanden auf der Erde, der noch niemals gesündigt hat (Römer 3,23; Prediger 7,20). Das ist also die schlechte Nachricht, doch es gibt auch eine gute Nachricht. Uns allen kann vergeben werden, damit wir wieder als gerecht vor Gott stehen können.

> *Alle haben gesündigt und die Herrlichkeit Gottes verloren. Ohne es verdient zu haben, werden sie gerecht, dank seiner Gnade, durch die Erlösung in Christus Jesus.*
>
> Römer 3,23-24 (Einheitsübersetzung)

Jesus hat bereits für unsere Sünden bezahlt. Sie müssen es nur noch glauben und es für sich selbst annehmen. Wenn Sie Ihre Sünden bekennen, sie bereuen und sich ganz von ihnen abwenden wollen, wird Gott Ihnen vergeben und Sie erneuern.

> *Wenn wir unsere Sünden bekennen, ist er treu und gerecht; er vergibt uns die Sünden und reinigt uns von allem Unrecht.*
>
> 1. Johannes 1,9 (Einheitsübersetzung)

Sie brauchen nicht darauf zu warten, dass Gott etwas tut. Er hat bereits alles getan, was getan werden muss. Er gab seinen einzigen Sohn, der an unserer Stelle starb, denn nur ein reines und sündloses Opfer konnte für unsere Schuld bezahlen. Der Gerechtigkeit wurde damit Genüge getan. Durch unseren Glauben an Jesus Christus werden wir freigesprochen und durch ihn können wir eine enge Beziehung zu Gott haben.

Wir können nicht selbst zu Gott kommen, sondern brauchen einen Fürsprecher. Wir brauchen jemanden, der für uns in den Riss tritt und dieser Jemand ist Jesus. Jesus selbst füllt die Trennung, die zwischen uns und Gott durch unsere Sünde verursacht wurde, aus. Er bringt uns zu Gott.

Genau wie ein Kind seinen Vater in sich trägt (sein Blut, seine DNA, seine Chromosomen etc.), genau so war Gott in Christus, um die Welt mit sich selbst zu versöhnen. Gott liebt die Menschen, die er erschaffen hat, und möchte nicht zusehen, wie sie in die Sklaverei der Sünde verkauft werden, ohne für einen Weg zu sorgen, der wieder herausführt. Jesus ist der Weg!

Sünde bringt Fluch mit sich

Gottes Wort sagt, dass unsere Sünde uns finden wird (4. Mose 32,23). Sünde bringt einen Fluch mit sich und Gehorsam bringt Segen (5. Mose 28). Manchmal scheint es eine Zeit lang so, als ob eine Person mit ihrer Sünde davonkommt. Ihr Leben scheint genauso gut zu laufen wie das der anderen, doch irgendwann einmal muss sie die Konsequenzen des eigenen Handelns tragen.

Wenn wir uns für ein Leben in Sünde und gegen ein Leben im Gehorsam zu Gott entscheiden, wird es unserer Seele nicht gut gehen. Der Mensch ist mehr als nur ein Körper aus Fleisch und Blut. Er ist Geist und hat eine Seele, zu der sowohl Gefühle, Wille als auch Verstand gehören. Das ist quasi die Persönlichkeit des Menschen. Sünder leiden oft an ihren Gedanken. Sie erleiden Qualen, denn ganz gleich was sie tun oder auch besitzen, es gibt doch nichts, was sie völlig zufriedenstellen könnte. Sie leiden in dem Bereich ihrer Gefühle. Da sie sich entschlossen haben, ihr eigenes Leben selbst in den Griff zu bekommen, werden sie frustriert und ärgerlich, wenn die Dinge nicht so wie geplant laufen. Der Weg des Glaubens ist ihnen unbekannt. Auf Gott zu vertrauen, also auf eine Kraft, die viel mächtiger ist als sie selbst, ist für sie undenkbar. Sie kommen in ihren Seelen nicht zur Ruhe, denn nur wenn man an Gott glaubt, kommt man in Gottes Ruhe (Hebräer 4,3).

Ja, das Leben der Sünde ist ein Leben voller Flüche. Es kommt nichts Gutes dabei heraus. Wenn eine Person versucht, ohne Gott zu leben, so sagt Gott über ihr Ende:

Und ich werde die Menschen ängstigen, so dass sie einhergehen wie die Blinden, weil sie gegen den HERRN gesündigt haben. Ihr Blut wird verschüttet werden wie Staub und ihre Eingeweide wie Kot.

Auch ihr Silber, auch ihr Gold wird sie nicht erretten können am Tag des Grimms des HERRN; und durch das Feuer seines Eifers wird das ganze Land verzehrt werden. Denn Vernichtung, ja, Entsetzen wird er wirken bei allen Bewohnern des Landes.

Zefanja 1,17-18

Diese Schriftstellen sind wirklich beängstigend, jedoch nicht für die Nachfolger Jesu Christi. Denn die, die an Jesus glauben, sollen nicht gerichtet oder verdammt werden (Johannes 3,18).

Schuld und Verdammnis

Sünder haben einen ständigen Wegbegleiter: Schuld. Sie können zwar das eine oder andere unternehmen, um sie zu ignorieren, doch ganz tief im Herzen wissen sie, dass ihr Leben so nicht richtig ist. Jesus sagt, dass Sünder ihrer Schuld nicht entfliehen können (Johannes 9,41).

Die Bibel wird in das Alte und Neue Testament unterteilt. Das Alte Testament ist »alt«. Es steht für den alten Bund, mit dem Gott die Sünden der Menschen bedeckt hat, und zwar so lange, bis Jesus kam und einen neuen Bund aufgerichtet hat.

Man konnte zwar zur Bedeckung von Sünden Opferrituale befolgen, doch wurden die Sünden damit nicht hinweggenommen. Die Schuld war trotzdem immer gegenwärtig. Im Neuen Testament hingegen, dem »neuen« Bund also, finden wir ein fehlerloses und endgültiges Opfer, welches die Sünde nicht nur bedeckt, sondern komplett hinwegnimmt. Es wäscht nicht nur die Sünde, sondern auch die dazugehörige Schuld hinweg.

Bitte lesen Sie die nachfolgenden Verse sorgfältig und langsam. Vergegenwärtigen Sie sich dabei die Kraft, die in ihnen steckt. Sie stammen alle aus dem zehnten Kapitel des Briefes an die Hebräer.

> *In diesem Willen [Gottes] sind wir geheiligt (abgesondert und geweiht) durch das ein für alle Mal geschehene Opfer des Leibes Jesu Christi (des Gesalbten).*
>
> Hebräer 10,10 (Elberfelder mit eigener Übersetzung aus der Amplified Bible)

> *Jesus Christus dagegen hat ein einziges Opfer für alle Sünden gebracht. Jetzt sitzt er für immer auf dem Ehrenplatz an der Seite Gottes.*
>
> Hebräer 10,12 (Hoffnung für alle)

> *»Dies ist der Bund, den ich für sie errichten werde nach jenen Tagen«, spricht der Herr, »ich werde meine Gesetze in ihre Herzen geben und sie auch in ihren Sinn schreiben«;*

und: »Ihrer Sünden und ihrer Gesetzlosigkeiten werde ich nicht mehr gedenken.«

Hebräer 10,16-17

So lasst uns hinzutreten mit wahrhaftigem Herzen in voller Gewissheit des Glaubens (indem wir uns mit unserer ganzen menschlichen Persönlichkeit voll und ganz auf Gott verlassen und ohne Zweifel an seine Kraft, Weisheit und Güte glauben und vertrauen), die Herzen besprengt und damit gereinigt vom bösen Gewissen und den Leib gewaschen mit reinem Wasser.

Hebräer 10,22 (Elberfelder mit eigener Übersetzung aus der Amplified Bible)

Diese Bibelverse informieren uns über sehr wichtige und schöne Einzelheiten. Erstens hat Jesus sich selbst ein für alle Mal geopfert, und es sind keine weiteren Opfer mehr notwendig. Unter dem alten Bund mussten die Opfer immer wiederholt werden und konnten doch die Schuld nicht beseitigen. Jesus wurde zu dem Opfer, das für alle Zeiten Sünde und Schuld hinwegnimmt.

Obwohl die Schuld vom Gesetz her getilgt ist, mag es für einige wichtig sein, zu lernen ohne Schuldgefühle zu leben. Das neue Leben in Christus erfordert die Bereitschaft zu lernen, sich nicht mehr von seinen Gefühlen regieren zu lassen. Diese Menschen müssen das Wort Gottes verinnerlichen und ihm gehorchen, ganz gleich was sie fühlen. Dieser Lebensstil des Gehorsams mündet in unermessliche Segnungen.

3
Es wird Zeit für eine Lebensübergabe

Vielleicht haben Sie Jesus bereits angenommen und dieses Buch deshalb erworben, um Hilfestellung für Ihr neues Leben mit Christus zu bekommen, vielleicht wurde Ihnen das Buch auch gegeben und Sie wollen diese Entscheidung jetzt treffen.

In Johannes 3,16 lesen wir:

Denn so hat Gott die Welt geliebt, dass er seinen eingeborenen Sohn gab, damit jeder, der an ihn glaubt, nicht verloren geht, sondern ewiges Leben hat.

Folgende Geschichte unterstreicht die Kraft, die in diesen Versen steckt.

In der amerikanischen Stadt Chicago setzte an einem kalten, dunklen Abend ein Schneesturm ein. Ein kleiner Junge verkaufte gerade an einer Ecke Zeitungen. Die Menschen aber waren alle in ihren warmen Häusern und dem kleinen Jungen war so kalt, dass er kaum seine Zeitungen an den Mann bringen konnte. Er ging zu einem Polizisten und sagte: »Entschuldigen Sie, Mister, kennen Sie nicht zufällig einen warmen Platz, wo ein armer Junge heute Nacht schlafen könnte? Wissen Sie, ich schlafe sonst in einem Karton, ein paar Ecken weiter, am Ende der Allee, aber heute ist es schrecklich kalt. Es wäre schön, einen warmen Platz zum Schlafen zu haben.«

Der Polizist schaute auf den kleinen Jungen und sagte: »Nun, ich sag dir, was du tun kannst. Geh die Straße hinunter zu dem großen weißen Haus und klopfe dort an die Tür. Wenn jemand öffnet, sag einfach ›Johannes 3 Vers 16‹ und sie werden dich hineinlassen.«

Der kleine Junge tat, wie ihm geraten. Er ging die Stufen hinauf und klopfte an die Tür. Eine Dame öffnete. Er schaute auf und sagte »Johannes 3 Vers 16«.

»Komm herein«, sagte die Dame.

Sie ließ ihn ein, setzte ihn in einen Schaukelstuhl direkt vor einen riesigen Kamin und ging aus dem Zimmer. So saß er da und dachte bei sich, »Johannes 3 Vers 16 – ich verstehe es zwar nicht, aber auf jeden Fall macht es einen frierenden Jungen warm«.

Später kam sie zurück und fragte: »Bist du hungrig?«

Er sagte: »Nun, ein bisschen vielleicht. Ich habe schon seit Tagen nichts mehr gegessen und ich denke, ich könnte ein wenig Essen gut vertragen.« Die Dame führte ihn in die Küche, setzte ihn an einen reich gedeckten Tisch mit den köstlichsten Leckereien und er aß und aß, bis er nicht mehr konnte. Dann dachte er bei sich, »Johannes 3 Vers 16 – ich verstehe es zwar nicht, aber auf jeden Fall macht es einen hungrigen Jungen satt«.

Sie führte ihn die Treppe hinauf in ein Badezimmer mit einer riesengroßen Badewanne, die mit warmem Wasser gefüllt war. Er setzte sich hinein, genoss die Wärme und ließ seinen schmutzigen Körper einweichen. »Johannes 3 Vers 16 – ich verstehe es zwar nicht, aber auf jeden Fall macht es einen dreckigen Jungen sauber.« Die Dame kam herein, nahm ihn, legte ihn in ein weiches Federbett, zog ihm die Decke bis zum Kinn und gab ihm einen Gutenachtkuss. Sie machte das Licht aus. So lag er in der Dunkelheit, ließ seinen Blick aus dem Fenster schweifen und sah die vielen Schneeflocken in der bitterkalten Nacht. Er dachte bei sich: »Johannes 3 Vers 16 – ich verstehe es zwar nicht, aber auf jeden Fall bringt es einen müden Jungen zur Ruhe.«

Am nächsten Morgen führte sie ihn wieder zu dem großen, gedeckten Tisch. Nachdem er gegessen hatte, nahm sie ihn mit zu dem großen Schaukelstuhl vor dem Kamin. Sie holte ihre Bibel, setzte sich zu ihm und sagte: »Verstehst du Johannes 3 Vers 16?«

»Nein Madam, ich verstehe es nicht. Ich habe es letzte Nacht zum ersten Mal gehört, als der Polizist mir den Rat gab, es zu sagen.« Sie schlug die Bibel bei Johannes 3 Vers 16 auf und begann ihm von Jesus zu erzählen. Und genau dort vor dem Kamin gab er sein Leben Jesus. Er saß da und dachte: »Johannes 3 Vers 16 – ich verstehe es zwar nicht, aber auf jeden Fall rettet es einen verlorenen Jungen.« (Autor unbekannt)

Wenn Sie also bereit sind, Ihr Leben Gott zu übergeben, indem Sie seinen Sohn Jesus Christus in Ihr Leben hineinlassen, der als Einziger für Ihre Sünden bezahlt hat, dann beten Sie dieses Gebet mit mir. Lesen Sie sich die Worte laut vor, damit sie für Sie persönlich eine Bedeutung haben.

Vater Gott, ich liebe dich. Im Glauben trete ich heute vor dich und bitte dich, mir meine Sünden zu vergeben. Jesus, ich glaube an dich. Ich glaube, dass du am Kreuz für mich gestorben bist. Du hast dein unschuldiges Blut für mich vergossen. Du hast es an meiner Stelle getan und die Strafe getragen, die ich verdient hätte. Ich glaube, dass du starbst, begraben wurdest und am dritten Tage auferstanden bist. Der Tod hatte keine Macht über dich. Du hast den Satan überwunden und ihm die Schlüssel der Hölle und des Todes entrissen. Ich glaube, dass du all dieses aus Liebe zu mir getan hast. Ich möchte ein Christ sein. Ich möchte dir alle Tage meines Lebens dienen. Ich möchte lernen, wie ich das neue Leben, das du mir versprochen hast, leben kann. Ich empfange dich jetzt, Jesus und ich gebe mich dir hin. Nimm mich so an, wie ich bin und mache mich so, wie du mich haben möchtest. Jesus, ich danke dir für meine Rettung. Fülle mich mit dem Heiligen Geist und lehre mich alles, was ich wissen muss. Ich glaube, dass ich nun gerettet und wiedergeboren bin und nach meinem Tod in den Himmel kommen werde. Vater Gott, ich werde meine Reise genießen und zu deiner Ehre leben!

Wenn Sie dieses Gebet ernsthaft gebetet haben, haben Sie damit die wichtigste Entscheidung Ihres Lebens getroffen. Ganz gleich, wie Sie sich momentan fühlen, Gott hat Ihr Gebet erhört. Vielleicht haben Sie nun Frieden im Herzen, oder Freude. Vielleicht sind Sie erleichtert oder fühlen sich frei. Vielleicht fühlen Sie aber auch gar nichts. Wie auch immer, lassen Sie Ihr Leben nicht mehr von Ihren Gefühlen bestimmen, sondern glauben Sie Gottes Wort, denn er hält das, was er verspricht. Er sagte:

> *Alle Menschen, die mir der Vater gibt, werden zu mir kommen, und keinen von ihnen werde ich zurückstoßen.*
>
> Johannes 6,37 (Hoffnung für alle)

Gott hat versprochen, immer bei Ihnen zu bleiben, sogar bis zum Ende der Welt. Es kann sein, dass Sie ihn nicht immer spüren, doch er ist immer und überall da. Er achtet auf Sie und sorgt sich um Sie. Er kümmert sich um Sie, um alle Bereiche Ihres Lebens und wird alles gut machen. Er hat ein gutes Werk in Ihnen begonnen, und er wird es zu Ende führen und vollenden (1. Mose 28,15 und Philipper 1,6).

Herzlichen Glückwunsch, Sie haben einen neuen besten Freund: Jesus. Er ist der beste Freund, den Sie jemals haben werden. Sie können mit ihm über alles und jeden reden, denn er versteht Sie immer (Hebräer 4,15). Er wird Sie niemals ablehnen oder verurteilen. Nichts ist zu groß für Gott, und deshalb ist auch nichts zu klein für ihn. Er möchte, dass Sie ihn auf allen Ihren Wegen erkennen und ihn in jeden Bereich Ihres Lebens einladen.

Sie sind nun ein neue Schöpfung. Das Alte ist vergangen und alles ist neu geworden (2. Korinther 5,17). Sie können noch einmal von vorne anfangen.

Sie werden Fehler machen, wie wir alle. Es gibt noch viel für Sie zu lernen und Ihre gerade begonnene Reise wird ein Leben lang dauern. Wenn Sie Fehler machen, denken Sie immer daran, Gottes Vergebung und Reinigung stehen für all die bereit, die ihn darum bitten. Versuchen Sie nicht, Ihre Sünden vor Gott zu verbergen, denn er kennt sie ohnehin, sondern tun Sie gleich Buße.

Gott liebt Sie sehr. Er liebt Sie immer. Er liebt Sie nicht mehr, wenn Sie sich gut benehmen und er liebt Sie auch nicht weniger, wenn Sie sich schlecht verhalten. Er liebt Sie einfach. Punkt.

Und jetzt wird es Zeit, über einen neuen Lebensstil zu reden.

4
Ein neuer Lebensstil

Wenn Sie also nun am Anfang Ihres neuen Lebens stehen, das Sie durch, mit und für Gott leben, werden Sie bald feststellen, dass seine Prinzipien oftmals im Gegensatz zu den üblichen Lebensweisen stehen. Die Welt hat Dinge auf den Kopf gestellt, die in Gottes Reich wieder richtig herum geordnet werden. Wir sind es nicht mehr gewohnt, die Dinge so zu tun, wie Gott es möchte, und zunächst erscheint uns das oft schwierig und auch schwer verständlich.

Taufe

Jetzt, da Sie sich zu Jesus bekehrt haben, ist es wichtig für Sie, sich taufen zu lassen. Das gehört mit zu den ersten Schritten, die nun zu gehen sind. Die Taufe ist ein äußeres Zeichen für Ihre innere Entscheidung zur Nachfolge Christi. Wenn man sich bei der Taufe im Wasser untertauchen lässt, so ist dies auch ein Bild dafür, dass das alte Leben begraben wird. Wenn man dann wieder aus dem Wasser kommt, so steht dies für die Auferstehung eines neuen Lebens. Es ist etwas, das wir im Gehorsam Gott gegenüber tun.

Das Abbild davon [von ihrer Rettung] errettet jetzt auch euch [von inneren Fragen und Ängsten], das ist die Taufe – nicht ein Ablegen der Unreinheit des Fleisches [ein Abwaschen des äußeren Schmutzes, ein Bad], sondern die Bitte an Gott [dadurch demonstrieren Sie Ihren Glauben] um ein gutes Gewissen (innere Reinigung und innerer Friede) – durch die Auferstehung Jesu Christi.

1. Petrus 3,21 (Elberfelder und Amplified)

Petrus aber sprach zu ihnen: Tut Buße, und jeder von euch lasse sich taufen auf den Namen Jesu Christi zur Vergebung eurer Sünden! Und ihr werdet die Gabe des Heiligen Geistes empfangen.

Apostelgeschichte 2,38

Gottesdienstbesuche

Außerdem empfehle ich sehr, regelmäßig am Gottesdienst einer lokalen Gemeinde teilzunehmen. Zwar machen Gottesdienstbesuche aus einem Menschen genauso wenig einen Christen, wie ich durch regelmäßiges Sitzen in meiner Garage zum Auto werden würde. Wir sind nicht automatisch Christen, weil wir regelmäßig zur Kirche gehen, aber wenn wir Christen sind, sollte es uns ein Herzenswunsch sein, Gott anzubeten und Gemeinschaft mit anderen Gläubigen zu haben. Die Gemeinde ist außerdem ein Ort, an dem wir Gottes Wort studieren.

Nicht alle Kirchen sind auch gute Gemeinden. Manche sind nur religiöse Gebäude, die von außen gut aussehen, doch inwendig nichts zu bieten haben, was jemandem helfen könnte. Wenn Sie zu einer Kirche gehören, in der geistliche Nahrung ausbleibt und Sie nicht herausgefordert werden, täglich auf dem Weg mit Gott im Glauben zu wachsen, dann suchen Sie so lange nach einer anderen Gemeinde, bis Sie fündig werden. Mit Kirchen ist es wie mit Ärzten: Nicht alle sind gut, aber auch nicht alle sind schlecht. Sie sollten aber eine Gemeinde finden, die für Sie gut ist. Manche gehen lieber in eine kleinere Kirche und manche in eine größere. Manche fühlen sich mit einer bestimmten Denomination verbunden, andere bevorzugen eine unabhängige Gemeinde, was schlichtweg bedeutet, dass sie nicht zu einer größeren Organisation gehören. Wichtig ist nur, sich verbindlich einer Kirchengemeinde anzuschließen. Das wird Ihnen helfen, Freundschaften mit Gleichgesinnten zu schließen und Kontakte zu knüpfen, die Sie vor weltlichen Versuchungen bewahren.

Es ist wichtig für Sie zu einer Kirche zu gehen, in der Sie erleben, dass Sie geistlich wachsen. Wenn jemand neu zum Glauben gekommen ist, muss er noch viele Dinge lernen. Wenn er sie nicht lernt und keine Fortschritte darin macht, besteht die Gefahr, wieder in das alte Leben zurückzufallen und die alten Wege zu gehen.

Kleine Bibelgruppen sind für Neubekehrte sehr hilfreich. In einer kleinen Gruppe kann man lernen, nachfragen, um Gebet bitten und für andere beten. Hoffentlich bietet Ihre Kirche Hauskreise oder Bibelgruppen für Erwachsene an, in die Sie sich integrieren können. Die Gemeinde ist nicht nur ein Ort, wo dem Gottesdienstbesucher gedient wird, sondern es ist ein Ort, an dem wir unseren Dienst finden und ihn innerhalb des Leibes Christi (der Gemeinde) tun können. Hier sollen Sie von anderen etwas empfangen und auch an andere etwas weitergeben.

Verbindliches Christsein

Es ist sehr wichtig, verbindlich zu sein. Unser Leben kam nicht durch einen einmaligen Fehltritt durcheinander, sondern durch die Dinge, die wir immer wieder falsch gemacht haben. Wenn wir nun ein oder zweimal etwas richtig machen, genügt das noch nicht, um das neue Leben, das Gott für uns hat, richtig zu leben. Wir müssen durchhalten und das tun, was gut und richtig ist, auch wenn wir uns nicht danach fühlen. Wir müssen beständig bleiben. Gott hat uns einen Geist der Selbstbeherrschung und Disziplin gegeben (2. Timotheus 1,7) und darin sollen wir leben.

Setzen Sie sich dafür ein, Zeit mit Gott zu verbringen. Lesen Sie sein Wort und auch Bücher, die Ihnen helfen, die Bibel besser zu verstehen. Hören Sie Lehrkassetten oder schauen Sie ein gutes, christliches Fernsehprogramm. Nehmen Sie sich Zeit für das Gebet. Gewöhnen Sie es sich an, den Tag mit Gebet zu beginnen. Denken Sie immer daran: Gott ist an jedem Detail Ihres Lebens interessiert und Gebet ist nichts anderes als ein Gespräch mit Gott. Während Ihr Glaube wächst, werden Sie lernen, nicht nur zu Gott zu reden, sondern auch von ihm zu hören. Das wird aufregend und bereichert Ihren Weg ihm nach.

Das Geben zählt auch zu den Bereichen, in denen wir verbindlich sein müssen. Gott hat uns so viel geschenkt, dass wir natürlicherweise ihm und seinem Werk hier auf Erden etwas zurückgeben möchten. Wenn Ihnen geholfen wurde, möchten Sie anderen auch gerne helfen und das können Sie, indem Sie Ihrer Gemeinde oder der Organisation, die Ihnen geholfen hat und der Sie vertrauen, verbindlich etwas geben. Alles, was wir Gott geben, wird er uns vielfältig zurückgeben. In seinem Wort lesen wir, dass wir das ernten, was wir säen.

Bevor wir Christus aufnahmen und eine neue Schöpfung in ihm wurden, interessierte uns Geben eigentlich wenig. Wir waren selbstsüchtig und wollten von anderen beschenkt werden, aber mit unserer immer tiefer werdenden Liebe zu Jesus verändert sich unser Herz.

Die Taufe im Heiligen Geist

Taufe bedeutet vollständig untertauchen. Alles, was untergetaucht wird, wird auch gefüllt, wenn es eine Öffnung hat. Wenn Sie offen sind, können Sie vollständig mit dem Heiligen Geist erfüllt werden. Als Sie Jesus als Ihren Retter angenommen haben, haben Sie auch den Heiligen Geist bekommen. Möglicherweise waren Sie aber noch nicht an dem Punkt, wo Sie sich vollständig geöffnet haben und jede Faser Ihres Herzens für eine vollständige Erfüllung offen war.

Sie haben den Heiligen Geist, aber Sie möchten Gewissheit darüber, ob er überall in Ihnen ist. Gott möchte Sie in seinen Dienst stellen und Sie werden die Kraft des Heiligen Geistes benötigen, um erfolgreich und produktiv zu sein.

Gott bietet uns auch übernatürliche Gaben an (übernatürliche Begabungen und Kraftauswirkungen), um uns in unserem täglichen Leben zu helfen. Diese Gaben sind unterschiedlich und jeder bekommt sie. Einige sind dabei auffälliger als andere. Ich bin begabt zu lehren, andere sind musikalisch oder administrativ begabt. Andere wiederum haben die Gabe, zu helfen und sich zu kümmern. In 1. Korinther 12,7-10 werden neun Gaben genannt, die wir uns vor Augen halten sollten. Wir werden sogar aufgefordert, nach diesen Gaben ernsthaft zu streben. Es handelt sich hierbei um Worte der Erkenntnis, Worte der Weisheit, die Gabe des Glaubens, die Kraftwirkungen der Heilung, das Vollbringen von Wundertaten, die Gabe der Prophetie (den göttlichen Willen und sein Vorhaben zu erkennen), die Gabe der Geisterunterscheidung, also gute von bösen Geistern unterscheiden zu können, die Gabe der Zungensprache und die der Auslegung dieser unbekannten Sprachen.

Auch wenn Sie diese Gaben nicht verstehen, ermutige ich Sie, Gott um die Gaben und die Unterweisung zu bitten, sie richtig anzuwenden. Wir lesen an unterschiedlichen Stellen davon, wie Menschen in unbekannten Sprachen geredet haben, also einer geistlichen Sprache. Wenn wir in Zungen beten, so reden wir Geheimnisse Gottes und dabei werden wir selbst auferbaut und ermutigt. Der Apostel Paulus sagte, er wünschte, jeder würde in Zungen sprechen (1. Korinther 14,2,4-5).

Besonders die Gabe der Zungensprache war jahrelang ein Stein des Anstoßes unter Christen. Einige sind der Ansicht, diese Gaben wären auch für uns heute bestimmt, andere glauben, dass sie es nicht sind. Ich selbst habe diese Gaben in meinem eigenen Leben erfahren und spreche seit über 30 Jahren in anderen Zungen. Daher weiß ich auch, dass diese Gaben für uns Christen heute noch relevant sind. Wir können alles gut gebrauchen, was uns weiterhilft. Oft lehnen Menschen das ab, was sie noch nicht erlebt haben oder nicht verstehen. Das ist ein Fehler. Wir sollten die Bibel lesen und glauben, was dort geschrieben steht.

Strecken Sie sich jedoch in erster Linie nach dem Heiligen Geist und nicht nach seinen Gaben aus. Keine Sorge, die Gaben werden schon kommen, doch manche Menschen machen zu viel Tamtam um die Zungensprache und die anderen Gaben. Wenn wir uns ein Kätzchen kaufen möchten, gehen wir nicht in die Tierhandlung und fragen nach einer Zunge. Wir fragen nach einem Kätzchen und die Katzenzunge gehört dazu. Genauso ist es mit dem Heiligen Geist. Bitten Sie ihn täglich um seine Gegenwart in Ihrem Leben, und die Zungensprache wie auch die anderen Gaben werden zur rechten Zeit kommen.

Suchen Sie Gottes Gegenwart und nicht seine Gaben

Gott möchte Ihnen Gutes tun. Er möchte Sie reichlich segnen, doch es ist wichtig, dass Sie Gemeinschaft aus dem Grunde mit ihm wollen, weil er Gott ist und nicht, weil er Ihnen nützlich sein könnte. Gott ist unvergleichlich gut und seine Gegenwart ist unbeschreiblich. Wenn Sie sein Angesicht suchen, werden Sie merken, dass er auch immer etwas für Sie hat. Wenn Sie nur danach suchen, was er für Sie noch tun kann, werden Sie ihn beleidigen. Niemand, nicht einmal Gott, möchte sich zum Vorteil eines Einzelnen ausnutzen lassen.

Sie können Gott um etwas bitten, was Sie brauchen oder möchten. Wenn es wirklich das Beste für Sie ist und in seinen Zeitplan passt, wird er es Ihnen geben. Doch vergessen Sie dabei nie, mehr als alles andere brauchen Sie in Ihrem Leben Gott selbst. Mehr von seiner Gegenwart, seinen Wegen, seinem Charakter, seiner Weisheit, seinem Verständnis, seiner Kraft usw.

Gott ist alles und ohne ihn sind wir nichts. Jesus sagte: *Ohne mich könnt ihr nichts tun* (Johannes 15,5).

> *Denn aus ihm und durch ihn und zu ihm hin sind alle Dinge! Ihm sei die Herrlichkeit in Ewigkeit! Amen.*
>
> Römer 11,36

Es gibt viel zu lernen

Es gibt viel mehr für Sie zu lernen, als ich in diesem kleinen Buch aufzählen könnte. Sie müssen das Fundament, auf welchem Ihr Glaube gegründet ist, und die Grundlehren des Christseins kennenlernen. Die meisten Kirchengemeinden bieten einen Kurs für Neubekehrte an und ich kann Sie nur ermutigen, ihn zu besuchen. Sie werden erfahren, dass Jesus von einer Jungfrau geboren wurde. Ich weiß, das klingt unsinnig, aber trotzdem ist es wahr, und es ist wichtig, dass Sie verstehen, warum. Sie werden erfahren, dass es wichtig ist, Gott auch finanziell etwas zurückzugeben, damit das Evangelium anderen gepredigt werden kann, die noch nicht an ihn glauben. Sie werden von der Dreieinigkeit Gottes hören und von der Wahrheit, dem einen Gott zu dienen, der sich in drei Personen zeigt: dem Vater, dem Sohn und dem Heiligen Geist. Sie werden vom Dienst der Engel erfahren, davon, wie wichtig das Blut Jesu ist, wie man von Gott hört, von der Lehre der Rechtfertigung, der Buße und von vielen anderen Dingen.

Obwohl ich in diesem Buch nicht alles ansprechen kann, möchte ich doch einige der Wahrheiten mit Ihnen teilen, von denen ich glaube, dass sie für Ihr neues Leben besonders wichtig sind. Also, weiter geht es.

5
Eine neue Denkweise

Es ist ungemein wichtig, eine völlig neue Denkweise zu erlernen. Gott hat einen guten Plan für Sie und Ihr Leben, doch Sie müssen damit einverstanden sein. Satan hat auch einen Plan für Sie und Ihr Leben, und der ist alles andere als gut. Der Dieb (Satan) kommt, um zu stehlen, zu töten und zu zerstören (Johannes 10,10). Satan flößt Ihnen alle möglichen schlechten Gedanken ein, in der Hoffnung, dass Sie ihm glauben und den Gedanken zustimmen. Auf diese Weise täuscht er die Menschen und findet Zutritt zu ihrem Leben.

> *Und seid nicht gleichförmig dieser Welt (dieses Zeitalters), [indem ihr angepasst seid an ihre fremden und oberflächlichen Gebräuche], sondern werdet verwandelt (verändert) durch die [völlige] Erneuerung des Sinnes [durch neue Ideale und innere Haltungen], dass ihr prüfen mögt [für euch selbst], was der Wille Gottes ist: das Gute und Wohlgefällige und Vollkommene.*
>
> Römer 12,2 (Elberfelder und Amplified)

Die eben genannte Bibelstelle zeigt uns ganz klar, dass sich unser Leben nicht verändern kann, wenn sich unser Denken nicht verändert. Wenn Sie ein neues Leben möchten, muss sich Ihre Denkweise verändern. Gott hat einen guten Plan für jeden von uns, doch wir werden nur dann sehen, wie er sich erfüllt, wenn uns klar wird, wie wichtig eine richtige Denkweise ist.

Gedanken können kontrolliert werden

Vielleicht sind Sie so, wie ich es einmal war, und glauben, an Ihren Gedanken nichts ändern zu können. Das stimmt nicht. Sie können entscheiden, was Sie denken und was Sie nicht denken, und das sollten Sie auch tun. Dort, wo die Gedanken hinwandern, geht der Mensch auch hin. Wir kennen alle die Situation, wie es ist, wenn man erst einmal anfängt, an Essen zu denken, wie vielleicht an Eiskrem, einen Donut oder etwas Ähnliches. Je mehr wir daran denken, umso mehr wollen wir es haben. Wenn wir nur lange genug daran denken, steigen wir sogar ins Auto und fahren einige Kilometer. Am Ende tut es uns leid, dass wir alles in uns hineingestopft und dabei Zeit und Geld verschwendet haben.

Wenn jemand uns etwas Böses angetan hat und wir immer und immer wieder daran denken, wie wir verletzt wurden, merken wir, wie wir immer ärgerlicher und aufgebrachter werden. Unsere Gedanken beeinflussen unsere Gefühle und werden zu Worten, die wir sagen.

Wenn Sie das nächste Mal bedrückt oder ärgerlich sind, überlegen Sie einmal, was Ihre Gedanken beschäftigt hat und

Sie werden einen Zusammenhang zwischen Ihren Gedanken und Ihren Gefühlen finden.

Die Gedanken sind ein Schlachtfeld. Hier führen wir Krieg gegen Satan. In 2. Korinther 10,4-5 lesen wir, dass wir falsche Gedanken und Gedankengebäude niederreißen, gefangen nehmen und zu Jesus Christus bringen müssen. Wir müssen also gemäß des Wortes Gottes denken. Alles, was nicht mit den Lehren Christi übereinstimmt, sollte aus unseren Gedanken verbannt und als Lüge des Teufels abgelehnt werden. Wenn Ihr Feind (Satan) Ihre Gedanken kontrollieren kann, dann kann er auch Ihr Leben und Ihre Bestimmung kontrollieren.

Wenn Sie zum Beispiel Selbstmordgedanken haben, kommen diese nicht von Gott. Er möchte, dass Sie leben und das Leben genießen. Wenn Sie immer denken, dass Sie nichts wert sind und dass niemand Sie liebt, kommen diese Gedanken nicht von Gott, denn sie stimmen nicht mit seinem Wort überein.

Negative Gedanken

Seien Sie vorsichtig mit negativen Gedanken aller Art. Es gibt nichts Negatives an Gott oder an seinem Plan für Ihr Leben. Es ist besser, ein Glas halb voll als halb leer wahrzunehmen. Positiv zu sein verletzt niemanden.

Ganz gleich wie Ihr Leben bisher verlaufen ist, schauen Sie positiv in Ihre Zukunft. Tun Sie sich mit Gott zusammen und glauben Sie, dass Ihnen Gutes widerfahren wird. Wenn Sie genauso negativ eingestellt sind, wie ich es einst war, dann brauchen Sie etwas Übung, um positiv zu denken. Ich wurde in einer sehr negativen Umgebung groß und erwartete eigentlich immer irgendetwas Schreckliches. Doch dann lernte ich, dass manche unserer Probleme durch unsere negativen Gedanken teilweise erst entstehen.

Alle Tage des Elenden sind schlecht [durch sorgenvolle Gedanken und düstere Vorahnungen], aber ein fröhliches Herz hat ein ständiges Festmahl [ungeachtet der Umstände].

Sprüche 15,15 (Elberfelder und Amplified)

Als der Heilige Geist mich das erste Mal zu dieser Schriftstelle führte, wusste ich nicht, was mit Vorahnungen gemeint war, bis mir klar wurde, dass es sich hierbei um negative und angstvolle Gedanken handelte, irgendetwas Schlimmes würde passieren. Und ich musste zugeben, meistens hatte ich auch das bekommen, was ich erwartet hatte, nämlich Probleme. Ich wollte, dass mein Leben sich änderte und verstand nicht, warum Gott es nicht veränderte, bis ich eines Tages erkannte, dass ich zuerst mein Denken ändern musste, bevor Gott mein Leben verändern konnte.

Schauen Sie weder negativ in Ihre Zukunft noch auf Ihre Vergangenheit. Wenn Sie Gott vertrauen, wird er Ihre Vergangenheit in die Lebensplanung, die er für Sie hat, integrieren. All dic Fehler, die Sie gemacht haben, machen Sie zu einer besseren und weiseren Person. Sie können durch sie lernen und sich entscheiden, nicht mehr die gleichen Fehler zu begehen. Denken Sie nicht negativ über Ihre Finanzen, Freunde, Familie, Ihr Aussehen, die Arbeitsstelle, die Sie haben oder auch nicht haben, Ihre Wohnung, Ihr Auto, das Sie fahren oder irgendetwas anderes. Entwickeln Sie eine positive Einstellung. Das wird Ihnen helfen, ein positives und leistungsfähiges Leben zu haben.

Sorgen Sie sich nicht

Sorgenvolle Gedanken sind schlechte Gedanken. Sorgen verbessern nichts, sondern können im Gegenteil viel Unheil bewirken. Ersetzen Sie alle Ihre Sorgen durch Gottvertrauen, dass er sich Ihrer Probleme annehmen wird. Sorgen lassen Sie älter aussehen als Sie sind, bereiten nur Kopfschmerzen und Magenprobleme und lassen Sie zu einer Person werden, mit der man nur schwer auskommen kann. Das ist nicht der Wille Gottes für Ihr Leben!

Sich nicht zu sorgen mag zu Anfang schwer für Sie sein, weil Sie es gewöhnt sind, auf sich selbst aufzupassen und zu regeln, was als Nächstes getan werden muss. Doch vergessen Sie nicht, Sie wollen ja einen neuen Lebensstil erlernen.

Menschen, die keine Beziehung zu Gott haben, haben vielleicht das Gefühl, sie müssten sich Sorgen machen. Sie nicht. Gott ist auf Ihrer Seite. Er sagt, dass Sie alle Ihre Sorgen auf ihn werfen können, weil er für Sie sorgt (1. Petrus 5,7).

Wenn wir uns sorgen, machen wir uns heute schon sorgenvolle Gedanken um morgen. Jesus sagt, dass wir das nicht tun sollen, weil jeder Tag seine eigene Plage hat (Matthäus 6,34). Wenn die Zeit zum Handeln reif ist, werden Sie auch wissen, was zu tun ist. Bis dahin aber wissen Sie es vielleicht eben noch nicht.

Gott möchte, dass Sie lernen ihm zu vertrauen. Er kommt nie zu spät, aber er kommt in der Regel auch nie zu früh. Für jemanden, der sich gerade neu bekehrt hat, ist die Warterei schwer, weil er es nicht gewohnt ist. Nach einiger Zeit werden Sie es allerdings zu schätzen wissen, denn Sie bekommen dann die Gelassenheit, unbeschwert jeden Tag für sich zu leben, ohne sich um den nächsten Tag zu sorgen.

Jedes Mal, wenn Sie versucht sind, sich Sorgen zu machen, erinnern Sie den Teufel daran, dass Sie Gottes Kind sind und dass Gott versprochen hat, sich um Sie zu kümmern.

Der richtige Weg, unsere Gedanken zu erneuern, ist der, Gottes Wort zu studieren und darüber nachzusinnen. Wir werden unterscheiden lernen, was gute und was falsche Gedanken sind. Es gibt vielleicht jemanden, der Armut für sein Lebensschicksal hält, weil seine Familie immer arm war, doch in Gottes Wort werden Sie lesen, dass dies nicht wahr ist. Wenn Sie mit Gottes Hilfe seine Prinzipien auf Ihre finanzielle Lage anwenden, können Sie den Kreislauf der Armut durchbrechen, und Sie haben mehr als genug in jedem Lebensbereich. Gottes Wort sagt, mehr als alles andere möchte er, dass es Ihnen gut geht und Sie gesund sind, genauso wie es Ihrer Seele gut gehen soll (3. Johannes 1,2). Während Sie in Ihrer Persönlichkeit und Ihrem Gehorsam Gott gegenüber reifen, wird er Sie mit all dem Guten, womit Sie weise und achtsam umgehen können, versorgen.

Gott wird sich um Ihre Bedürfnisse kümmern. Sie brauchen keine Angst zu haben. Wenn Sie eine Anstellung suchen, können Sie beten und er wird Ihnen helfen, eine Arbeitsstelle zu finden. Er möchte Ihnen seine Gunst erweisen, damit alles, was Sie anfangen, wächst und gedeiht.

Jesus möchte, dass Sie ein schönes Leben haben. Er ist gestorben, um Ihnen ein Leben zu geben, das Sie genießen können. Streben Sie nach Erkenntnis, Verstand, Einsicht und Besonnenheit. Ohne Erkenntnis gehen die Menschen zugrunde, daher setzen Sie alles daran, sie zu erlangen. Jesus Christus ist unsere Weisheit von Gott (1. Korinther 1,30). Bitten Sie ihn darum, diese Weisheit in Ihnen und Ihren Gedanken wirksam werden zu lassen, damit Sie in seinen Wegen gehen können.

Denn Weisheit ist besser als Perlen, und alles, was man wünschen mag, kann ihr nicht gleichen.

Sprüche 8,11 (Luther)

Von allen meinen Büchern ist das Buch *Das Schlachtfeld der Gedanken* am meisten verkauft worden. Ich möchte es Ihnen gerne als Lektüre empfehlen. Eine Erneuerung der Gedanken mag zwar eine Zeit lang einem Schlachtfeld gleichen, doch geben Sie nicht auf. Diejenigen, die Gott beständig suchen, werden belohnt werden.

6
Eine neue Redeweise

Worte haben Kraft. Entweder gestalterische oder zerstörerische Kraft. Am Anfang der Zeit erschuf Gott durch sein Wort Gutes, und wir sollten seinem Beispiel folgen:

> *Einem Mann wird vergolten, was sein Mund geredet hat, und er wird gesättigt mit dem, was seine Lippen ihm einbringen [mit Gutem oder Bösen].*
>
> *Tod und Leben stehen in der Zunge Gewalt; wer sie liebt, wird ihre Frucht essen [zum Tod oder zum Leben].*
>
> Sprüche 18,20-21 (Luther und Amplified)

Wenn wir dieses Wort sorgfältig betrachten, erkennen wir, dass unsere Worte Konsequenzen haben. Einige bewirken Gutes, andere Böses. Wir sollten uns der Kraft unserer Worte bewusst sein, wenn wir unseren Mund aufmachen und reden. Unsere Gedanken werden zu Worten, und deshalb flößt Satan uns auch schlechte Gedanken ein. Er weiß ganz genau, wenn wir sie erst einmal als unsere eigenen Gedanken akzeptiert haben, werden wir sie aussprechen und ihm damit die Tür öffnen, die er braucht, um seine schmutzige Arbeit in unserem Leben voranzubringen.

Wer seinen Mund und seine Zunge bewahrt, bewahrt vor Nöten seine Seele.

Sprüche 21,23

Die größte Versuchung unserer Zeit besteht darin, über das zu reden, was wir sehen und fühlen. Doch Gott möchte, dass wir darüber sprechen, was uns in seinem Wort zugesagt wird. Ich meine nicht, dass Sie Ihre Lebensumstände ignorieren sollen, doch Sie können sie überwinden. Und die Art und Weise, wie Sie reden, während Sie Probleme durchleben, hat eine Menge damit zu tun.

Die Israeliten verbrachten für eine Reise, die eigentlich nur elf Tage dauerte, vierzig Jahre in der Wüste. Sie umkreisten immer wieder die gleichen Berge und machten keine Fortschritte. Sie hatten viele Probleme und das größte Problem war ihre Nörgelei. Sie meckerten und beschwerten sich, sobald etwas nicht so ging, wie sie es sich vorstellten. Gott möchte, dass wir ihn preisen und ihm danken, ganz gleich ob wir uns in der Wüste unseres Lebens befinden oder auf einem Berggipfel. Was wir in Zeiten der Not aussprechen, hat Einfluss darauf, wie lange wir darin gefangen sein werden.

Vielleicht klingt es für Sie merkwürdig, aber Ihre Worte haben Kraft. In Römer 4,17 lesen wir, dass wir einem Gott dienen, der das, was nicht ist, ins Dasein ruft, als wäre es schon da. Gott sieht bereits, was er geschehen lassen will und spricht davon, als wäre es schon passiert. Dazu muss man im Glauben schauen können. Der Glaube nimmt das als Realität wahr, was er noch nicht im Natürlichen sehen oder fühlen kann. Der Glaube nimmt die Verheißungen Gottes und verhält sich so, als wären sie wahr!

Wenn wir eine Not haben und fest davon überzeugt sind, dass Gott uns hindurchbringen wird, können wir selbst in dieser Zeit fröhlich sein. Wir müssen nicht erst darauf warten, Veränderungen zu sehen, denn durch den Glauben haben wir sie bereits. Wir wissen ganz tief im Inneren, dass Gott für uns arbeitet.

Als der Prophet Hesekiel sich umschaute, konnte er nur tote und vertrocknete Knochen entdecken und Gott fragte ihn, ob sie wieder lebendig werden könnten. Hesekiel antwortete: »Oh Gott, du weißt es.« Daraufhin befahl Gott ihm, zu den Knochen zu sprechen, ihnen zu prophezeien und ihnen zu sagen, dass sie auf das Wort des Herrn achten sollten. Hesekiel begann zu prophezeien, wie der Herr ihm befohlen hatte, und die Knochen fügten sich wieder zusammen. Sie wurden mit Sehnen und Fleisch überzogen und stellten sich auf ihre Füße, ein überaus großes Heer (Hesekiel 37). Was für ein großartiges Beispiel für die Kraft des Wortes Gottes.

Gottes Wort laut aussprechen

Wo auch immer ich bin, lehre ich, Gottes Wort laut auszusprechen und dies bewusst als tägliche geistliche Übung zu tun. Das gehört mit zu den wichtigsten Dingen, die Gott mir offenbart hat und ich kann sagen, dass es mir geholfen hat, meine Gedanken zu erneuern und mein Leben umzukrempeln.

Das Wort Gottes ist das Schwert des Geistes. Es ist die größte Waffe, die Sie gegen Satan benutzen können. Er hat Angst und zittert vor dem Wort Gottes. In Lukas 4 wird uns davon berichtet, wie Jesus vom Teufel versucht wurde. Er war in der Wüste. Er hatte lange nichts gegessen und der Satan begann, ihm Gedanken einzuflößen. Jedes Mal, wenn Satan Jesus anlog, erwiderte Jesus: »Es steht geschrieben«, und zitierte laut die Schriftstellen, die die Lüge widerlegten. Wenn wir es lernen, seinem Beispiel nachzueifern, wird es uns auf dem Weg zum Sieg gut gehen.

Sind Sie bereit auf das zu achten, was Sie sagen? Wenn ja, dann werden Sie wie wir alle herausfinden, dass Sie vieles sagen, was Sie sich garantiert nicht für Ihr Leben wünschen. Ich bin mir sicher, unser innerer Friede und unsere Freude sind abhängig davon, wie wir reden. Falls ich damit recht habe, wäre es nicht besser, das auszusprechen, was Sie glücklich anstatt traurig macht?

Etwas im Glauben auszusprechen ist Teil unseres neuen Lebens, also fangen Sie gleich damit an. Sagen Sie so etwas wie:

Gott liebt mich und er hat einen guten Plan für mein Leben.
Er ist mir wohlgesonnen auf allen meinen Wegen.
Alles, was ich anfasse, wird wachsen und gedeihen.

Gott öffnet die richtigen Türen für mich und schließt die falschen.
Ich gehe die Wege der Weisheit.
Ich bin mit Frieden erfüllt.
Ich bin froh.
Ich gehe die Wege der Liebe.
Heute wird mir etwas Gutes widerfahren.
Alle meine Kinder lieben und dienen Gott.
Meine Ehe wird von Tag zu Tag besser.
Ich bin ein Segen, wo ich auch hingehe.

Diese Liste kann endlos weitergeführt werden. Achten Sie nur darauf, dass das, was Sie sagen, auch Gottes Wort entspricht. Wenn Sie sich mit Gott eins machen, wird Ihnen eine völlig neue Welt eröffnet. Gottes Plan wird erfüllt werden und der Teufel kann nichts tun, um das aufzuhalten.

7
Eine neue Selbsteinschätzung

Wie sehen Sie sich selbst? Ihr Selbstbild ist wie ein Foto, das Sie in der Tasche Ihres Herzens mit sich herumtragen. Ich habe in den vielen Jahren meines Dienstes festgestellt, dass die meisten Menschen sich selbst nicht besonders mögen. Ich hatte jahrelang eine schlechte Beziehung zu mir selbst und dies vergiftete mein ganzes Leben. Gott liebt Sie und er möchte, dass Sie sich auch lieben. Nicht selbstsüchtig oder egoistisch, sondern auf eine gesunde Art und Weise. Man kann nur das weitergeben, was man selbst hat. Gott liebt uns und er möchte, dass seine Liebe uns zuerst heilt und dann durch uns zu anderen Menschen fließt. Wenn Sie sich selbst nicht richtig lieben, können Sie auch die Liebe, mit der Gott Sie liebt, nicht annehmen. Und deshalb können Sie andere auch nicht wirklich lieben.

Hängt die Meinung, die Sie von sich selbst haben, von Ihren Leistungen ab? Bei den meisten von uns ist das so und deshalb halten wir nicht viel von uns selbst, weil unsere Leistung nicht immer gut ist. Wir sind unvollkommene Menschen und machen Fehler. Wir wollen alles richtig machen, und doch scheinen wir immer zu versagen. Gerade deshalb brauchen wir Jesus. Gerade in unserer Schwachheit zeigt er uns, wie stark er ist.

Gott ist von Ihnen nicht überrascht. Er wusste schon, wie Sie waren, als er in Beziehung zu Ihnen trat. Er kennt bereits jeden Fehler, den wir jemals im Leben machen werden und trotzdem liebt er uns und sehnt sich nach uns. Seien Sie nicht so ungnädig mit sich selbst. Lernen Sie Gottes Gnade jeden Tag neu zu empfangen. Geben Sie jeden Tag Ihr Bestes zur Ehre Gottes, nicht damit Gott Sie liebt, sondern weil Gott Sie liebt. Er liebt Sie bereits vollständig und seine Liebe zu Ihnen ist vollkommen. Bitten Sie ihn am Ende jeden Tages um Vergebung für Ihre Sünden und Fehler, schlafen Sie den Schlaf des Gerechten und fangen Sie am nächsten Morgen neu an.

Der Satan ist gegen Sie, doch Gott ist für Sie. Sie müssen sich auf Gottes Seite stellen, denn wo zwei eins werden, werden sie mächtig. Sie sind wertvoll in Gottes Augen und Sie haben viele Talente, die Gott gut gebrauchen kann. Schauen Sie nicht nur auf das, was in Ihren Augen nicht gut an Ihnen ist. Schauen Sie nicht nur darauf, welche Wegstrecke noch vor Ihnen liegt, sondern schauen Sie zurück und sehen Sie einmal, wie weit Sie schon gekommen sind. Sie glauben jetzt an Jesus Christus und das ist der Anfang eines wunderbaren Lebens.

Gerechtigkeit im Sinne von Gerechtsprechung

Die Gerechtsprechung (ich bin gerecht vor Gott) erhalten wir durch den Glauben an Jesus und nicht durch eigene Werke. Sie ist ein Geschenk Gottes und wir bekommen es dann, wenn wir Jesus als Retter annehmen. In vielen Schriftstellen wird dies bezeugt. Hier sind einige zu Ihrer Ermutigung:

> *Denn Gott hat Christus, der ohne jede Sünde war, mit all unserer Schuld beladen und verurteilt, damit wir von dieser Schuld frei sind und Menschen werden, die Gott gefallen.*
>
> 2. Korinther 5,21 (Hoffnung für alle)

> *Den, der Sünde nicht kannte, hat er für uns zur Sünde gemacht, damit wir Gottes Gerechtigkeit würden in ihm.*
>
> 2. Korinther 5,21

Ich bin begeistert! Was für eine Schriftstelle! Christus war sündlos und weil er uns so liebte, nahm er unsere Schuld auf sich, damit wir eine gute Beziehung zu Gott dem Vater haben können. In Gottes Augen sind wir nun einwandfrei anerkannt und gerecht vor ihm, weil wir Jesus als unseren Retter angenommen haben. Ich muss es einfach noch einmal sagen ... ich bin begeistert!

Wir müssen keine Angst mehr haben, dass Gott mit uns unzufrieden oder gar zornig ist, sondern wir stehen »in Christus« vor ihm und wissen, wir sind akzeptiert worden.

Denn kein Mensch wird jemals vor Gott damit bestehen, dass er die Gebote so erfüllt, wie das Gesetz es erfordert. Die Aufgabe des Gesetzes ist es, dass wir die Sünde erkennen.

Römer 3,20 (Hoffnung für alle)

Es ist eine Gerechtigkeit, deren Grundlage der Glaube an Jesus Christus ist und die allen zugute kommt, die glauben. Dabei macht es keinen Unterschied.

Römer 3,22 (Neue Genfer Übersetzung)

Aber da wir wissen, dass der Mensch nicht aus Gesetzeswerken gerechtfertigt wird, sondern nur durch den Glauben an Christus Jesus, haben wir auch an Christus Jesus geglaubt.

Galater 2,16

Für Ihr geistliches Wachstum ist es wichtig, sich bewusst zu machen, dass Sie durch Ihren Glauben an Jesus Christus vor Gott gerecht sind. Er ist ein Geschenk Gottes an Sie. Wenn wir uns immer für nicht gut genug halten und uns fragen, ob Gott wohl unzufrieden mit uns ist, verlieren wir die Kraft, mit der wir eigentlich losmarschieren sollen. Wir, die wir an Jesus glauben, haben Autorität über den Teufel, aber wir müssen vor Gott in den Kleidern der Gerechtigkeit stehen und nicht in den Lumpen der Schuld und Verdammnis.

In Epheser 6 lesen wir, wir sollen den Brustpanzer der Gerechtigkeit anziehen. Der Brustpanzer schützte das Herz der Soldaten. Was halten Sie ganz ehrlich von sich selbst? Können Sie glauben, dass Sie – allein durch Glauben – gerecht vor Gott stehen? Das können Sie dann, wenn Sie Ihre Augen darauf richten, was Jesus für Sie getan hat und Sie nicht auf jeden Fehler sehen, der Ihnen unterläuft. Sie werden Fehler machen, und wenn das passiert, dann sollten Sie Buße tun und Gott um Vergebung bitten. Nur so können wir unseren Weg in Gerechtigkeit gehen. Wir können nicht in unserer eigenen Gerechtigkeit gehen, denn unsere Gerechtigkeit gleicht dreckigen Lumpen. Doch wir können und sollen in der Gerechtigkeit Gottes gehen, durch den Glauben an Jesus Christus.

Diese wunderbare neue Einstellung zu uns selbst ist auch für Sie möglich, weil sie Teil des neuen Lebens und für alle verfügbar ist, die an Jesus glauben.

Haben Sie Gefallen an sich selbst

Sie können sich selbst gut finden, und genau das möchte Gott für Sie. Messen Sie Ihren Wert nicht an dem, was andere über Sie sagen oder gesagt haben. Er hängt auch nicht davon ab, wie andere Sie behandeln oder was Sie in Ihrem Leben bereits erreicht haben. Gott hielt Sie für wertvoll genug, seinen Sohn zu senden, damit er für Sie stirbt und das ist ein echter Grund zur Freude.

In der Bibel lesen wir, dass Gott einfach möchte, dass wir das Leben genießen. Das ist nicht möglich, wenn wir uns selbst nicht gut finden. Sie sind eine Person, von der Sie sich nicht trennen können, nicht einmal für eine Sekunde. Wenn Sie sich selbst nicht gut finden, wird Ihr Leben unglücklich sein.

Wahrscheinlich unterscheiden Sie sich von all den anderen Leuten aus Ihrem Bekanntenkreis, genau wie ich, aber das ist schon in Ordnung. Gott hat uns sogar absichtlich mit diesen Unterschieden gemacht. Er liebt die Vielfalt. Sie sind nicht merkwürdig, sondern ein einzigartiges Original und verfügen über größere Werte, als nur die Kopie von irgendjemand zu sein.

Vergleichen oder messen Sie sich nicht ständig mit anderen (2. Korinther 10,12).

Seien Sie Sie selbst und haben Sie Gefallen an sich selbst. Genau wie bei uns allen gibt es auch in Ihrem Leben Bereiche, die Sie ändern müssen. Der Heilige Geist wird also für den Rest Ihres Lebens viel zu tun haben, diese Veränderungen zu bewirken. Doch die gute Nachricht ist, dass Sie sich selbst gut finden können, während der Prozess im Gange ist.

8
Tauschen Sie Ihre Angst gegen Glauben ein

Wir alle wissen, wie Angst sich anfühlt. Sie ist quälend und verhindert Fortschritte. Angst lässt uns zittern, schwitzen, schwach fühlen und vor den Dingen weglaufen, denen wir eigentlich ins Auge sehen sollten.

Angst ist nicht von Gott. Sie ist ein Werkzeug Satans und hindert uns daran, das gute Leben zu leben, das Gott für uns hat (2. Timotheus 1,7). Gott möchte, dass wir im Glauben leben. Glauben heißt, sich völlig mit seinem ganzen Sein auf Gott zu verlassen, in fester Zuversicht auf seine Kraft, Weisheit und Güte vertrauend. Der Glaube ist die feste Überzeugung von Dingen, die man nicht sehen kann und die trotzdem real sind.

Glaube wirkt in der geistlichen Welt. Sie sind wahrscheinlich daran gewöhnt, nur das zu glauben, was Sie auch sehen und fühlen können. Doch als Kind Gottes müssen Sie sich damit anfreunden, in einer Welt zu leben, die Sie nicht sehen können (der geistlichen Welt). Wir sehen Gott nicht, weil er ein Geist ist und doch glauben wir fest an ihn. Normalerweise können wir Engel nicht sehen und doch lesen wir in Gottes Wort, dass sie um uns herum sind und uns bewahren. Wenn wir anfangen, Gott und seinem Wort zu glauben, reichen wir in die geistliche Welt hinein und nehmen von dort Dinge mit, die Gott für uns möchte und die trotzdem noch keine Realität sind.

Satan hat seinen Spaß daran, unsere Aufmerksamkeit auf Umstände zu ziehen und uns Angst vor der Zukunft einzujagen. Gott dagegen möchte von uns das Vertrauen und den Glauben daran, dass er über den Umständen und auch über den Drohungen Satans steht.

Die Bibel ist voll mit Beispielen von Männern und Frauen, die sich in verzweifelten Lebenslagen befanden. Ihre Herzen waren voller Angst. Doch dann entschlossen sie sich, Gott zu vertrauen und erlebten wunderbare Befreiungen. Die Entscheidung liegt bei Ihnen, ob Sie in Angst oder im Glauben leben werden. Auch wenn Sie jetzt ein Christ sind, können Sie immer noch ein Leben voller quälender Ängste leben, es sei denn, Sie entscheiden sich für ein Leben im Glauben. Sie haben durch den Glauben Jesus als Ihren Retter angenommen. Der nächste Schritt ist der, im Glauben leben zu lernen:

> *Denn Gottes Gerechtigkeit wird darin geoffenbart aus Glauben zu Glauben, wie geschrieben steht: »Der Gerechte aber wird aus Glauben leben.«*
>
> Römer 1,17

Wenn wir die Liebe Gottes verstehen und uns bewusst ist, dass wir durch den Tod und die Auferstehung Jesu gerecht vor Gott gemacht wurden, wird uns ein Leben im Glauben leichter fallen. Wir fangen an, Gott darin zu vertrauen, dass er sich um uns kümmert und haben nicht immer das Gefühl, alles selbst regeln zu müssen.

Mut ist nicht gleichzusetzen mit der Abwesenheit von Angst, sondern bedeutet, Schritte im Angesicht der Angst zu unternehmen. Als Gott seinen Dienern befahl, sich nicht zu fürchten, meinte er damit nicht, keine Angst mehr fühlen zu dürfen, sondern er befahl ihnen, ihm ungeachtet ihrer Gefühle ganz zu gehorchen. Gott weiß, dass der Geist der Furcht uns immer von Fortschritten in unserem geistlichen Leben abhalten will. Darum versichert er uns immer wieder in seinem Wort, dass er beständig mit uns ist und wir uns vor der Angst nicht mehr beugen müssen.

Eleanor Roosevelt sagte einmal: »Immer wenn man der Angst ins Auge sieht, gewinnt man an Kraft, Mut und Selbstvertrauen. Denn dann muss man genau das machen, was man in seiner eigenen Einschätzung nicht tun kann.«

Seid stark und mutig, fürchtet euch nicht und erschreckt nicht vor ihnen! Denn der HERR, dein Gott, er ist es, der mit dir geht; er wird dich nicht aufgeben und dich nicht verlassen.

5. Mose 31,6

Nur Glaube ist Gott wohlgefällig. Durch Glauben empfangen wir von Gott. Deshalb ist es von höchster Wichtigkeit für jemanden, der gerade erst zum Glauben an Christus gefunden hat, etwas über Glauben zu lernen und im Glauben zu leben. Genauso wie man seine Muskeln trainiert und stark macht, kann man auch den Glauben trainieren und stark machen. Schritt für Schritt trainieren Sie Ihren Glauben und jedes Mal wird er stärker und stärker.

In Matthäus 17,20 lesen wir, dass dem, der glaubt, alle Dinge möglich sind. Selbst kleiner Glaube kann Berge von Sorgen in unserem Leben bewegen. Wahrscheinlich haben Sie Ihr ganzes Leben lang versucht, Ihre Probleme zu lösen, und oft waren Sie dabei frustriert und enttäuscht. Wenn dem so war, dann stehen Sie jetzt vor einem neuen Erlebnis. Sie können jetzt mit Gott reden (beten) und ihn einladen, Ihnen in jedem Bereich Ihres Lebens beizustehen und Sie werden erleben, dass mit Gott das möglich ist, was für Menschen unmöglich ist.

Es soll so geschehen, wie Sie geglaubt haben (Matthäus 9,29). Und wenn Sie Ihr Leben meistens in Angst zugebracht haben, ist es jetzt an der Zeit, Ihre Angst gegen Glauben an Gott einzutauschen. Es braucht Zeit, neue Wege gehen zu lernen, doch lassen Sie sich nicht entmutigen und geben Sie nicht auf. Alles hier auf Erden unterliegt dem Gesetz des allmählichen Wachstums. Die Dinge werden sich langsam verändern, wenn wir beständig das tun, was Gott uns sagt.

9
Das Leben genießen

Der Dieb kommt nur, um zu stehlen und zu schlachten und zu verderben. Ich bin gekommen, damit sie Leben haben und es in Überfluss haben.

Johannes 10,10

Jesus starb dafür, dass Sie Ihr Leben genießen können. Das heißt nicht, dass Sie keine Schwierigkeiten haben werden und alles bekommen, was Sie sich wünschen. Es bedeutet, dass Sie sich durch die Beziehung zu Gott über die Not der Welt emporschwingen können und ein Leben der Auferstehung mit, in und für Gott durch die Kraft des Heiligen Geistes leben können.

Gott ist unser wahres Leben. In ihm leben und bewegen wir unser ganzes Sein. Wenn wir lernen, uns an Gott zu erfreuen, werden wir uns auch über jeden Tag unseres Lebens freuen können. Genießen Sie die Gemeinschaft mit ihm. Gott kümmert sich um Ihr ganzes Leben und in der Bibel lesen wir, dass er es sogar vollkommen machen wird. Er arbeitet beständig an Ihrem Leben und wird Sie mehr und mehr in seinen Willen hineinführen.

Haben Sie keine Angst vor Gott. Wir sollten zwar Ehrfurcht vor ihm haben, ihn also respektieren und wissen, dass er alle Macht hat und zu seinem Wort steht. Doch wir brauchen keine Angst davor zu haben, dass Gott jedes Mal, wenn wir einen Fehler machen, böse auf uns ist und uns immer dann bestraft, wenn wir nicht perfekt waren. Gott ist gnädig und langsam zum Zorn. Er ist langmütig und kennt unsere Begrenzungen. Er versteht unsere Schwächen.

Wenn Sie genau so wie wir alle sind, dann gibt es in Ihrem Leben und Ihrer Persönlichkeit vieles, was noch verändert werden muss, und Gott wird das auch tun. Aber die gute Nachricht ist die, dass Sie Gott und das Leben genießen können, während er am Werk ist.

Vielleicht ist Ihr Leben, so wie es sich jetzt darstellt, nicht das, was Sie sich bis an Ihr Lebensende wünschen. Doch es ist das einzige, was Sie zur Zeit haben und deshalb sollten Sie anfangen, es zu genießen. Entdecken Sie die guten Seiten. Betonen Sie das Positive und fangen Sie an, in allem das Gute zu sehen. Genießen Sie Ihre Familie und Ihre Freunde. Pflücken Sie sie nicht auseinander und verschwenden Sie auch nicht Ihre Zeit damit, sie ändern zu wollen. Beten Sie für sie und lassen Sie Gott Veränderung bewirken.

Genießen Sie Ihre Arbeit, Ihr Zuhause und Ihr normales, alltägliches Leben. Wenn Sie Gott vertrauen und sich für eine positive Einstellung entscheiden, ist dies alles möglich. Richten Sie Ihren Blick auf Gott und nicht auf alles, was an Ihnen, in Ihrem Leben, in Ihrer Familie und in der Welt falsch ist.

Gott hat einen guten Plan für Sie und er ist bereits dabei, ihn zu erfüllen. Sie können sich schon im Voraus freuen. Freuen Sie sich auf die guten Dinge, die noch kommen.

Die meisten Menschen glauben, sie könnten das Leben nicht genießen, solange sie noch irgendwelche Probleme haben. Diese Gedanken sind falsch. Baden Sie sich nicht in den Fehlern und im Selbstmitleid wegen Ihrer Vergangenheit. Denken Sie an die großartige neue Zukunft, die durch Jesus Christus auf Sie wartet. Sie entscheiden, worüber Sie sich freuen und was Sie genießen. Sie können es sogar genießen, mitten in einem Stau zu stehen, wenn Sie sich dafür entscheiden. Die neue Art und Weise, Ihr Leben zu leben, die ich Ihnen gerade vermitteln möchte, hängt maßgeblich von Ihrer Einstellung zum Leben ab.

Ich habe endlich gelernt, während ich noch auf dem Weg zum Ziel bin, den Augenblick zu genießen. Und ich möchte es Ihnen sehr ans Herz legen, es genauso zu tun. Gott hat noch einiges in Ihrem Leben zu tun und er möchte nicht, dass Sie sich schlecht fühlen, während er an der Arbeit ist. Genau wie Babys zu Erwachsenen heranreifen müssen, müssen Christen auch wachsen. Es ist ein Prozess, der oft länger dauert, als uns lieb ist. Doch das ist noch lange kein Grund, die Reise nicht zu genießen.

Gott erwartet nicht von Ihnen, heute perfekt zu werden. Eigentlich weiß er sogar, dass Sie niemals vollkommen sein werden, solange Sie noch auf der Erde leben. Doch er erwartet von uns, dass wir weitermachen. Wir sollten jeden Tag neu unser Bestes geben, um Gott zu dienen. Wir sollten unsere Fehler zugeben, ihn um seine Vergebung für unsere Sünden bitten und bereit sein, uns von ihnen abzuwenden. Wenn wir das tun, wird Gott den Rest machen. Er wird durch den Heiligen Geist an uns arbeiten. Er wird uns unterweisen, verändern und gebrauchen. Sie haben sich auf einen neuen Lebensweg gemacht und ich glaube, das werden Sie nicht bereuen. Erfreuen Sie sich an Gott, haben Sie Gefallen an sich selbst und genießen Sie das Leben, das Jesus Ihnen durch seinen Tod geschenkt hat!

Gebet zur Lebensübergabe

Vater Gott, ich liebe dich. Im Glauben trete ich heute vor dich und bitte dich, mir meine Sünden zu vergeben. Jesus, ich glaube an dich. Ich glaube, dass du am Kreuz für mich gestorben bist. Du hast dein unschuldiges Blut für mich vergossen. Du hast es an meiner Stelle getan und die Strafe getragen, die ich verdient hätte. Ich glaube, dass du starbst, begraben wurdest und am dritten Tage auferstanden bist. Der Tod hatte keine Macht über dich. Du hast den Satan überwunden und ihm die Schlüssel der Hölle und des Todes entrissen. Ich glaube, dass du all dieses aus Liebe zu mir getan hast. Ich möchte ein Christ sein. Ich möchte dir alle Tage meines Lebens dienen. Ich möchte lernen, wie ich das neue Leben, das du mir versprochen hast, leben kann. Ich empfange dich jetzt, Jesus und ich gebe mich dir hin. Nimm mich so an, wie ich bin und mache mich so, wie du mich haben möchtest.

Jesus, ich danke dir für meine Rettung. Fülle mich mit dem Heiligen Geist und lehre mich alles, was ich wissen muss. Ich glaube, dass ich nun gerettet und wiedergeboren bin und nach meinem Tod in den Himmel kommen werde. Vater Gott, ich werde meine Reise genießen und zu deiner Ehre leben!

Joyce Meyer

Joyce Meyer ist eine der weltweit bekanntesten Bibellehrerinnen. Als Bestsellerautorin hat sie mehr als 90 wegweisende Bücher geschrieben, unter anderem „Gib niemals auf", „Powergedanken" sowie „Das Schlachtfeld der Gedanken", wovon es eine Ausgabe für Erwachsene und eine für Teens gibt. Darüber hinaus hat sie Tausende von Lehrvorträgen auf CD und DVD herausgegeben. Joyce' Radio- und Fernsehprogramme *Enjoying Everyday Life (Das Leben genießen)* werden weltweit ausgestrahlt und Joyce bereist viele Länder, um dort Konferenzen abzuhalten. Sie und ihr Mann Dave haben vier erwachsene Kinder und leben in St. Louis, Missouri, USA.

Über Joyce Meyer Ministries (JMM)

Hilfe für Arme und Leidende

Joyce und Dave Meyers zentrales Anliegen ist es, armen und verletzten Menschen in der ganzen Welt zu helfen. Es geht darum, nicht nur zu reden, sondern auch konkret zu handeln. Darum bringt Joyce Meyer Ministries (JMM) humanitäre Hilfe in verschiedene Krisenregionen der Welt. Dies geschieht mit 14 internationalen Büros und in Zusammenarbeit mit über 35 weltweit tätigen Missionsgesellschaften. Auf diese Weise werden über 30 Millionen Mahlzeiten pro Jahr in den Hungerregionen der Welt ausgegeben, fast 40 Waisenheime in armen Ländern unterhalten, Dörfer mit sauberem Trinkwasser versorgt und Tausende von Gefängnisinsassen unterstützt. Außerdem gründet und fördert JMM Gemeinden in Ländern, wo Christen unter Verfolgung leiden, bietet medizinische Hilfe und hilft alten wie jungen Menschen in den „Gettos“ von Großstädten, wie mit dem Dream Center in St. Louis.

TV und Radio

Die *Enjoying Everyday Life* (*Das Leben genießen*) Sendungen in Radio und Fernsehen erreichen täglich Hunderttausende weltweit. Im September 1993 konnte das Programm wöchentlich auf zwei Kanälen empfangen werden. Heute wird *Enjoying Everyday Life* täglich und wöchentlich von rund 500 Fernsehsendern und nahezu 400 Radiosendern weltweit ausgestrahlt. Das Programm wird mittlerweile in viele verschiedene Sprachen übersetzt und kann sogar in der arabischen Welt empfangen werden. So wird das Evangelium täglich weltweit verbreitet.

Internet

Unter **www.joyce-meyer.de** können Sie die Sendung *Das Leben genießen* rund um die Uhr sehen. Außerdem erhalten Sie dort aktuelle Informationen, können Bücher, eBooks, DVDs und CDs bestellen oder Kontakt zu uns aufnehmen.
Vorträge von Joyce Meyer in anderen Sprachen finden Sie unter **tv.joycemeyer.org**

Konferenzen

Konferenzen quer durch die USA (bis zu 14 im Jahr) und auch im Ausland sind nach wie vor Joyce' Leidenschaft. Die Menschen kommen in Scharen, und Joyce predigt das Wort Gottes und gibt praktische Lebenshilfe in der ihr eigenen direkten und humorvollen Art. Gleichzeitig werden diese Konferenzen für Fernsehsendungen aufgezeichnet.

Joyce Meyers persönliches Geschenk an Sie

Als Leser dieses Buches können Sie jetzt ein kostenloses Geschenk von Joyce Meyer erhalten. Einfach diesen Gutschein-Code [BK0313] mit Ihrer Anschrift versehen und an

Joyce Meyer Ministries
Postfach 76 10 01
D-22060 Hamburg

schicken, oder ins Internet gehen unter
www.joyce-meyer.de/geschenk

Dort Adresse und Gutschein-Code eingeben, abschicken. Das Geschenk wird vierteljährlich verschickt. Wir bitten deshalb um etwas Geduld.

Weitere Bücher von Joyce Meyer

Tu dir selbst einen Gefallen – vergib!
Lerne dein Leben durch Vergebung in den Griff zu bekommen
208 Seiten, Pb, ISBN 978-3-939627-35-7
EUR 10,– [D], 10,20 [A], CHF 14.–
Warum sollten Sie vergeben, wenn Sie zutiefst verletzt worden sind? In diesem Buch erklärt Joyce Meyer, dass Vergebung der Schlüssel zur Freiheit von Aufruhr ist, den der Zorn hervorruft. Lassen Sie nicht länger zu, dass Wut und Unversöhnlichkeit Ihr Leben vergiften, sondern geben Sie Gott eine Chance, Ihren Schmerz zu heilen. Er wird Sie befähigen, eine vergebende Haltung einzunehmen und Ihre Verletzungen bewusst loszulassen.

Leben ohne Konflikte
Wie man gesunde Beziehungen aufbaut
240 Seiten, Pb, ISBN 978-3-939627-34-0
EUR 13,80 [D], 14,20 [A], CHF 19.30
Zwischenmenschliche Konflikte können große Schwierigkeiten bereiten, enormen Schaden in Beziehungen anrichten und den Alltag sehr belasten. Doch es ist möglich, den Streit aus allen Lebensbereichen herauszuhalten. Auf Basis von biblischen Wahrheiten und in ihrer gewohnt praktischen Art erklärt Joyce Meyer, wie das geht. Ein Arbeitsteil am Ende der Kapitel wird Ihnen außerdem helfen, die Ursachen für Ihre Konflikte zu erkennen und neue Wege einzuschlagen.

Powergedanken
12 Strategien für einen Sieg auf dem Schlachtfeld der Gedanken
336 Seiten, Pb, ISBN 978-3-939627-27-2
EUR 17,– [D], 17,50 [A], CHF 23.80
Werden Sie immer wieder von negativen Gedanken bedrängt und können diese nur schwer abschütteln? Lassen Sie nicht länger zu, dass Ihre Gedankenwelt zu einem geistigen Schrottplatz verkommt! In „Powergedanken" – dem Nachfolgeband zu „Das Schlachtfeld der Gedanken" – leitet Joyce Meyer Sie anhand biblischer Prinzipien an, neue Denkweisen zu entwickeln, die das Leben positiv beeinflussen.

Das Schlachtfeld der Gedanken
Gewinne die Schlacht in deinem Verstand
288 Seiten, Pb, ISBN 978-3-939627-00-5
EUR 17,– [D], 17,50 [A], CHF 23.80
Ein wahrer Bestseller. Mit diesem Buch hat Joyce Meyer Millionen geholfen, ihre Gedankenwelt in göttliche Bahnen zu lenken. Gedanken von Sorgen, Furcht und Zweifel müssen nicht mehr ihr ungehindertes Spiel mit Ihnen treiben. Fangen Sie an darüber nachzudenken, worüber Sie nachdenken, und erneuern Sie Ihr Denken mit dem Wort Gottes. Ihr Leben wird sich drastisch verändern. Die Wahrheit macht frei.

Über den Gefühlen stehen
Wie Sie emotional nicht baden gehen
288 Seiten, Pb, ISBN 978-3-939627-31-9
EUR 14,– [D], 14,50 [A], CHF 19.60
Gefühle können sehr stark sein und unsere Aufmerksamkeit fordern. Dennoch sollten wir uns nicht von ihnen kontrollieren lassen. Wer abwarten muss, wie ihm zumute ist, ehe er den Tag genießen kann, überlässt seinen Gefühlen die Herrschaft. In „Über den Gefühlen stehen" beschreibt Joyce Meyer, welche Gefühlsskala Menschen durchlaufen. Sie verbindet die Weisheit der Bibel mit psychologischen Erkenntnissen und gibt dem Leser Werkzeuge an die Hand, auf produktive Weise mit den eigenen Emotionen umzugehen.

21 Mal Glück und Frieden
352 Seiten, Pb, ISBN 978-3-939627-33-3
EUR 16,50 [D], 17,– [A], CHF 23.–
In der heutigen Welt ist Frieden nur schwer zu finden. Wo wir auch hinschauen, sehen wir Unruhe und Chaos. All das trägt zu erhöhtem Stress in unserem Leben bei. Joyce Meyer spricht in diesem Buch über 21 Prinzipien, mithilfe derer wir den „Frieden, der alles Verstehen übersteigt" wiederentdecken können. Mit einer gründlichen Betrachtung biblischer Aussagen und ehrlichen Einsichten aus ihrem eigenen Leben ermutigt Joyce dazu, sich aktiv auf die Suche nach bleibender Gelassenheit zu machen und dem Frieden nachzujagen.

Süchtig nach Anerkennung
Hör auf, allen gefallen zu wollen
304 Seiten, Pb, ISBN 978-3-939627-36-4
EUR 12,– [D], 12,40 [A], CHF 16.80
Brauchen Sie immer Bestätigung für das, was Sie tun? Beschäftigt es Sie, was die Leute über Sie denken? Hinter der Suche nach Anerkennung verbirgt sich oft der tiefe Wunsch, Gefühle von Ablehnung und geringer Selbstachtung zu überwinden. Diesem emotionalen Schmerz kann jedoch nur Gott mit seiner Liebe und Annahme angemessen begegnen. In diesem Buch beschreibt Joyce Meyer, wie man von der Sucht nach Anerkennung frei wird.

Gut aussehen – Gut fühlen
12 Schlüssel für ein gesundes, erfülltes Leben
256 Seiten, Pb, ISBN 978-3-939627-09-8
EUR 14,50 [D], 14,90 [A], CHF 20.–
Sie sind unendlich wertvoll für Gott! Dennoch haben viele Menschen ein niedriges Selbstwertgefühl und gehen auch entsprechend nachlässig mit ihrem Körper um. Joyce Meyers Zwölf-Schlüssel-Plan führt Sie durch überraschende biblische Erkenntnisse sowie praktische Tipps für einen gesunden, entspannten Lebensstil, damit Sie sich gut fühlen und obendrein noch gut aussehen.

Jetzt mal Klartext
Gefühlskämpfe überwinden durch die Kraft des Wortes Gottes
424 Seiten, Hardcover,
ISBN 978-3-939627-10-4
EUR 19,– [D], 19,60 [A], CHF 26.80
Joyce Meyer sagt Angst, Einsamkeit und Sorgen den Kampf an. Niemand muss sich von negativen Gefühle kleinkriegen lassen. In „Jetzt mal Klartext" liefert Joyce erfrischende, lebensverändernde Einsichten mit Geschichten aus ihrem persönlichen Leben, praktischen Ratschlägen und vielen Bibelstellen.

Ich und meine große Klappe
224 Seiten, Pb, ISBN 978-3-939627-28-9
EUR 11,– [D], 11,40 [A], CHF 15.50
Können Sie Ihr Mundwerk nur schwer im Zaum halten, wenn Alltagsprobleme und Lebensängste mal wieder überhandnehmen? Die Wahrheit ist: Sie entscheiden, welche Worte Sie aussprechen! Setzen Sie sie deshalb zu Ihrem Nutzen ein. In diesem Buch fordert Joyce Meyer Sie heraus, einen neuen Umgang mit Worten einzuüben. Bringen Sie Ihre Worte in Übereinstimmung mit dem, was Gott sagt und Sie werden anfangen, im Sieg zu leben.

Gott hören – jeden Morgen
Tägliche Andachten
400 Seiten, Hardcover,
ISBN 978-3-939627-29-6
EUR 15,– [D], 15,50 [A], CHF 21.–
Wir leben in einer Zeit, die von Hektik und Lärm geprägt ist. Jeden Tag reden viele unterschiedliche Stimmen auf uns ein. Sie lenken uns ab und können verhindern, dass wir auf die wichtigste Stimme hören – die Stimme Gottes. Lassen Sie sich durch dieses Andachtsbuch von Joyce Meyer anleiten, eine engere Beziehung zu Gott aufzubauen und Verhaltensweisen einzuüben, die dabei helfen, Gottes Stimme besser zu erkennen.

Nur durch die Gnade Gottes
Lernen Sie zu leben – unabhängig von Kämpfen und Enttäuschungen!
200 Seiten, Pb, ISBN 978-3-939627-16-6
EUR 13,80 [D], 14,20 [A], CHF 19.30
Viele Christen verstehen, dass sie nur aus Gnade errettet werden, versuchen dann aber, das Christsein aus eigener Anstrengung zu leben. Jetzt ist Schluss mit dem Frust. Lesen Sie, wie die Gnade Gottes Ihr gesamtes Leben zu Erfolg und Entspannung führen will. Entdecken Sie den Unterschied zwischen Gnade und Glauben und lernen Sie, so zu werden, wie Gott Sie sieht.

Schönheit statt Asche
Empfange Heilung für deine Gefühle
288 Seiten, Pb, ISBN 978-3-939627-17-3
EUR 11,– [D], 11,40 [A], CHF 15.50
Viele Menschen erwecken äußerlich den Eindruck, als wäre alles in bester Ordnung. In ihrem Inneren aber sind sie ein Wrack. Ihre Vergangenheit hat sie zerbrochen, erschüttert und verletzt. Joyce Meyer, die als Kind körperlich, emotional und sexuell missbraucht wurde, berichtet in diesem Mut machenden Buch, wie Jesus ihr Leben wiederherstellte.

100 Dinge, die das Leben leichter machen
216 Seiten, Hardcover,
ISBN 978-3-939627-19-7
EUR 13,80 [D], 14,20 [A], CHF 19.30
Viele Menschen empfinden ihr Leben als kompliziert und sind deshalb frustriert, verwirrt, gestresst und erschöpft. Doch vielleicht wird es erst anstrengend durch die Art, wie wir es anpacken? Joyce Meyer erklärt, wie man Stressfaktoren reduzieren oder beseitigen kann, die ansonsten unseren Tagesablauf verkomplizieren, vollstopfen und verhindern, dass wir unser Leben wirklich genießen.

Die Kraft einfachen Gebets
Wie man mit Gott über alles reden kann
320 Seiten, Pb, ISBN 978-3-939627-26-5
EUR 16,– [D], 16,50 [A], CHF 22.50
Oft sehen wir das Gebet als ein Mittel zum Zweck. Wir beten, weil wir bestimmte Wünsche an Gott haben oder seine Hilfe bei der Lösung von Problemen benötigen. Doch mit Gott reden bedeutet mehr. In diesem Buch leitet Joyce Meyer Sie zu einem tieferen und interaktiveren Gebetsleben an, das von Ehrlichkeit und Natürlichkeit geprägt ist und dazu noch Spaß macht.

The Love Revolution
Lebe, liebe, handle – und verändere die Welt
272 Seiten, Pb, ISBN 978-3-939627-20-3
EUR 11,– [D], 11,40 [A], CHF 15.50
Haben Sie die Nase voll vom Leid dieser Welt? Nichts wird sich an der Situation ändern. Außer Sie tun etwas! Die Welt braucht dringend Menschen, die eine Revolution der Liebe starten und nicht länger nur für sich selbst leben. Zusammen mit Gastautoren zeigt Joyce Meyer auf ihre unnachahmlich inspirierende, ermutigende und herausfordernde Art und Weise einen neuen Lebensstil echter Freundlichkeit und Hilfsbereitschaft auf, der nicht nur Ihr Umfeld, sondern auch Sie selbst radikal verändern wird.

**„Guten Morgen,
hier spricht Gott!“-Kalender**
ISBN 978-3-939627-22-7
EUR 13,50 [D], 13,90 [A], CHF 19.–
Bleiben Sie an Gott dran und erinnern Sie sich täglich an die Wahrheiten aus seinem Wort – Stück für Stück, Tag für Tag! In diesem „Guten-Morgen-Kalender“ finden Sie für jeden Tag ein Zitat von Joyce, ausgewählt aus ihren besten Vorträgen, und einen passenden Bibelvers dazu. Einfach geschrieben, leicht verständlich und jedes Jahr wieder neu verwendbar.

Gib niemals auf
Sei fest entschlossen, die Herausforderungen des Lebens zu meistern
304 Seiten, Pb, ISBN 978-3-939627-23-4
EUR 13,– [D], 13,40 [A], CHF 18.30
Jeder hat schon einmal versagt oder ist an einer Sache gescheitert. Wichtig ist, in diesen Momenten nicht aufzugeben, sondern die eigenen Träume und Ziele mutig weiterzuverfolgen. In ihrem Buch „Gib niemals auf“ verbindet Joyce Meyer inspirierende und verblüffende Geschichten von unterschiedlichen Menschen mit ganz praktischer Lebenshilfe und Anleitung, wie Hindernisse überwunden werden können. Ein absoluter Mutmacher, der herausfordert, aufzustehen und sich nicht unterkriegen zu lassen!

Wie man Gottes Reden hört
Erkennen Sie Gottes Stimme und treffen Sie die richtigen Entscheidungen
280 Seiten, Pb, ISBN 978-3-939627-18-0
EUR 12,– [D], 12,40 [A], CHF 16.80
Gott möchte Sie bei allem, was Sie tun, leiten: ob bei schwerwiegenden Fragen des Lebens oder bei kleinen Herausforderungen des Alltags. Er will Sie auch seine Absichten für Ihr Leben wissen lassen. Lebensnah erklärt Joyce Meyer, welche Wege Gott wählt, um zu Ihnen zu sprechen. Gott redet gerne mit Ihnen. Und wenn Sie zuhören, werden Sie ihn hören.

Nur Mut!
Lebe leidenschaftlich und zielgerichtet
368 Seiten, Pb, ISBN 978-3-939627-25-8
EUR 16,50 [D], 17,– [A], CHF 23.–
Leidenschaft oder Langeweile – Sie haben die Wahl! Um jeden Morgen motiviert aufzustehen, ist es wichtig, Ziele zu haben und die von Gott gegebene Bestimmung für unser Leben zu erkennen. Gleichzeitig brauchen wir ein Herz voller Leidenschaft. In diesem Buch fordert Joyce Meyer Sie heraus, diese Dinge zu entwickeln und unproduktive Haltungen zu überwinden. Jedes Kapitel enthält außerdem praktische Tipps zur konkreten Umsetzung.
Wagen Sie es!

Schreiben Sie uns!

Was hat Ihnen dieses Buch konkret gebracht? Haben Sie Anregungen? Möchten Sie Joyce Meyer Ministries etwas mitteilen? Dann schreiben Sie uns.

Joyce Meyer Ministries
Postfach 76 10 01
D-22060 Hamburg